CÉLESTE GUSTIN

Oracle MAGIE DE LA Lune

mll

Sommaire

INTRODUCTION

L'usage des oracles pour nous guider au quotidien, *p. 6*

Votre oracle de la magie lunaire, *p. 8*

Comment se mettre en condition pour tirer une carte ?, *p. 9*

MÉDITATION D'ANCRAGE ET D'OUVERTURE SPIRITUELLE, *p. 9*

Comment procéder au tirage ?, *p. 10*

Les types de tirages, *p. 11*

TIRAGE À 1 CARTE, *p. 11*

TIRAGE À 2 CARTES, *p. 12*

TIRAGE À 4 CARTES SUIVANT VOTRE CYCLE MENSTRUEL OU SUIVANT LE CYCLE LUNAIRE, *p. 12*

LUNES AMÉRINDIENNES

1. Lune du Renouveau de la Terre, *p. 20*

2. Lune du Repos et de la Purification, *p. 22*

3. Lune des Grands Vents, *p. 24*

4. Lune des Arbres en Bourgeons, *p. 26*

5. Lune des Fleurs, *p. 28*

6. Lune de Miel, *p. 30*

7. Lune du Tonnerre, *p. 32*

8. Lune des Baies Mûres, *p. 34*

9. Lune des Récoltes, *p. 36*

10. Lune de la Chute des Feuilles, *p. 38*

11. Lune de Givre, *p. 40*

12. Lune des Longues Nuits Froides, *p. 42*

CYCLE FÉMININ

13. Nouvelle Lune (règles), *p. 44*

14. Lune croissante (phase folliculaire), *p. 46*

15. Pleine Lune (ovulation), *p. 48*

16. Lune décroissante (phase lutéale), *p. 50*

ARCHÉTYPES DU FÉMININ SACRÉ

17. La Sorcière, *p. 52*

18. La Vierge, *p. 54*

19. La Mère, *p. 56*

20. L'Enchanteresse, *p. 58*

CONFIGURATIONS ASTRONOMIQUES

21. Éclipse de Lune, *p. 60*

22. Super Lune, *p. 62*

23. Micro Lune, *p. 64*

24. Lune bleue, *p. 66*

CRISTAUX EN LIEN AVEC LA LUNE

25. Pierre de lune, *p. 68*

26. Sélénite, *p. 70*

27. Opale blanche, *p. 72*

28. Labradorite, *p. 74*

29. Obsidienne noire, *p. 76*

30. Aventurine verte, *p. 78*

FLEURS DE LA NUIT

31. Tabac ailé, *p. 80*

32. Reine de la nuit, *p. 82*

33. Onagre, *p. 84*

34. Datura, *p. 86*

35. Cactus cierge, *p. 88*

ANIMAUX GUIDES

36. Loup, *p. 90*

37. Renard, *p. 92*

38. Escargot, *p. 94*

39. Papillon de nuit, *p. 96*

SYMBOLES DE LA LUNE

40. Argent, *p. 98*

41. Eau, *p. 100*

42. Chakra sacré, *p. 102*

43. Bois de santal, *p. 104*

44. Verveine odorante, *p. 106*

L'usage des oracles pour nous guider au quotidien

Il arrive parfois des moments dans notre vie où nous sommes dans l'incertitude ou dans le flou quant à des décisions à prendre, des directions à emprunter ou des états d'âme à transcender. Dans ces moments-là, nous n'avons pas forcément envie d'en parler de vive voix avec une autre personne : il s'agit d'un dialogue intérieur et intime qui ne regarde que nous.

Cependant, nous ressentons le besoin de demander de l'aide sur un plan subtil. Que cela soit l'Univers, notre ange gardien, nos guides, nos ancêtres, ce coup de pouce invisible est toujours bienvenu.

Mais comment faire passer les réponses à nos demandes du monde invisible et impalpable vers le monde visible et matériel ? Les oracles sont une solution facile à mettre en place, à comprendre et à interpréter. Leurs cartes sont imaginées pour servir d'intermédiaire et pour apporter tout type de réponse en rapport avec la problématique et la demande. L'invisible vous guidera, grâce à votre intuition et votre ouverture d'esprit, pour choisir la ou les cartes les plus appropriées pour vous aider et vous guider.

C'est la raison pour laquelle les tirages doivent se faire au calme, après avoir mis en place des conditions idéales pour ressentir la guidance. Installez-vous confortablement et appelez vos guides.

Posez votre question, ou demandez une guidance. La carte qui symbolise votre réponse se manifestera soit en « sautant » du jeu lorsque vous le mélangerez, soit par un frisson dans votre corps ou une chaleur ou une pression sur votre paume lorsqu'elle sera en face d'elle. Prenez le temps de retourner solennellement la carte et de bien intégrer son image et son message.

N'hésitez pas à mettre en place le rituel associé pour actionner le levier de la résolution de la problématique. Remerciez l'Univers et vos guides pour cette guidance éclairante.

Votre oracle de la magie lunaire

Cet oracle a été imaginé autour des énergies et des symboliques de la Lune, mais il peut aussi être utilisé indépendamment.

Destiné à faire entrer la magie de la Lune dans votre vie, il vous permettra d'obtenir une guidance adaptée à vous, ici et maintenant, et vous aidera à traverser les événements et les épreuves de votre vie actuelle du mieux possible. Les 44 cartes se feront le relais des messages de notre astre céleste, en vous incitant à des actions ou des visualisations afin de vous soutenir et vous accompagner au mieux.

Cet oracle a en outre comme spécificité et originalité de vous proposer un tirage en lien avec le cycle lunaire ou le cycle menstruel, qui évolue en fonction du moment où vous vous situez dans l'un de ces cycles au moment du tirage.

Comment se mettre en condition pour tirer une carte ?

Idéalement, tirez une carte à un moment où vous vous sentez apaisé(e) et calme. Cela peut simplement être après avoir pris deux ou trois profondes inspirations et expirations.

Vous pouvez aussi, si vous en avez le temps et l'envie, réaliser d'abord une méditation d'ancrage (voir ci-dessous).

MÉDITATION D'ANCRAGE ET D'OUVERTURE SPIRITUELLE

Couchez-vous sur un support confortable. En guise de fond sonore, mettez une musique de méditation ou des sons de bols chantants et de gongs. Placez un jaspe rouge (ou autre pierre du 1er chakra) sur votre pubis, un quartz rose (ou autre pierre du 4e chakra) sur votre cœur et une améthyste (ou autre pierre du 7e chakra) au contact du sommet de votre crâne (ou sur votre 3e œil). Prenez une pierre de lune ou une sélénite dans chaque main (sans trop serrer). Diffusez de l'huile essentielle de conifère (pins, sapins...). Visualisez-vous allongé(e) sur le sol d'une forêt, nimbé(e) de la douce mais puissante lumière blanche de la Lune, et pleinement scellé(e) à la Terre sur laquelle vous reposez.

Comment procéder au tirage ?

Mélangez le jeu. Ensuite, deux options s'offrent à vous :

Option 1 : Étalez toutes les cartes devant vous. En fermant les yeux, passez une main au-dessus du jeu complet, en étant à l'écoute totale de vos ressentis et sensations. Sondez le jeu aussi longtemps que nécessaire, jusqu'à ce que vous sachiez exactement quelle carte doit être tirée.

Option 2 : Avec votre main, sondez le jeu de cartes disposé en tas devant vous. Soyez à l'écoute de vos sensations et ressentis. Coupez le jeu en deux à l'endroit qui vous semble juste, et posez le tas supérieur sur le côté. Retournez la carte située au sommet du tas inférieur.

Les types de tirages

Vous pouvez effectuer différents types de tirages en fonction de vos besoins et ressentis.

Pensez à la problématique qui vous tracasse le plus actuellement, ou à la question pour laquelle vous souhaitez avoir un début de réponse.

Tirez la/les carte(s) en visualisant bien cette situation. La/les carte(s) obtenue(s) est/sont le message que vous devez recevoir ici et maintenant.

TIRAGE À 1 CARTE

Ce tirage vous permet de recevoir un message ou une guidance qui permettra de vous éclairer sur le moment.

Avec cet oracle, 44 guidances sont possibles pour ce type de tirage.

Vous pouvez aussi mettre en place un rituel quotidien qui consiste à tirer une carte tous les matins afin de vous informer sur la « météo spirituelle » de votre journée.

TIRAGE À 2 CARTES

Ce tirage consiste à tirer 2 cartes d'affilée.

La 1re carte est considérée comme étant, pour ce tirage, l'*Arcane majeur*. Elle reflète l'idée générale de la guidance, les éléments les plus importants sur lesquels vous devez porter votre attention à l'instant T.

La 2e carte fait office, pour ce tirage, d'*Arcane mineur*. Elle donne une coloration particulière au message de l'Arcane majeur, elle y apporte des nuances et des précisions.

Avec cet oracle, 1 892 combinaisons différentes sont possibles en utilisant ce type de tirage à 2 cartes. Il s'agit d'autant de guidances précises que l'Univers et la Lune peuvent vous envoyer selon vos besoins.

TIRAGE À 4 CARTES
suivant votre cycle menstruel ou suivant le cycle de la Lune

Ce tirage à 4 cartes est destiné à vous donner une idée générale des éléments sur lesquels il faudra porter votre attention durant (approximativement) les 4 semaines à venir.

Il n'est pas figé, car en constant changement en fonction des événements : vous pouvez donc le répéter tous les jours si vous le souhaitez.

Ce tirage inédit se fait en fonction :

- de votre cycle menstruel si vous êtes réglée, sous contraception ou non ;
- du cycle lunaire dans les autres cas (ou si vous ne savez pas où vous en êtes dans votre cycle), y compris si vous êtes un homme ;
- des deux si votre cycle menstruel est synchronisé avec le cycle lunaire.

COMMENT IDENTIFIER LA PÉRIODE DU CYCLE MENSTRUEL ?

L'observation de la glaire cervicale permet d'identifier la période du cycle menstruel. En phase folliculaire (juste après la fin des règles) ou en phase prémenstruelle, la glaire cervicale est blanche, épaisse et pâteuse, peu abondante. En phase ovulatoire, la glaire cervicale est plus abondante, filante, transparente et dite « en blanc d'œuf ».

Préparez le tirage.

Sortez de votre jeu les cartes correspondant au cycle féminin et au cycle lunaire :

Carte n° 13 : Nouvelle Lune

Carte n° 14 : Lune croissante

Carte n° 15 : Pleine Lune

Carte n° 16 : Lune décroissante

Disposez les 4 cartes face à vous, dans l'ordre correspondant à votre cycle menstruel ou au cycle lunaire (cas 1 à 4 décrits ci-après).

Cas n° 1

- Vous êtes en période de menstruations.

ou

- Nous sommes dans la période allant de 3 jours avant à 3 jours après la Nouvelle Lune.

Placez les cartes dans cet ordre :

n° 13	n° 14	n° 15	n° 16

Cas n°2

• Vous êtes en période folliculaire (juste après les règles).

ou

• Nous sommes en lune croissante (en-dehors des jours encadrant la période ovulatoire).

Placez les cartes dans cet ordre :

n°14	n°15	n°16	n°13

Cas n°3

• Vous êtes en période ovulatoire (3 jours avant à 3 jours après l'ovulation).

ou

• Nous sommes dans la période allant de 3 jours avant à 3 jours après la Nouvelle Lune.

Placez les cartes dans cet ordre :

n°15	n°16	n°13	n°14

Cas n° 4

• Vous êtes en période prémenstruelle.

ou

• Nous sommes en lune décroissante (en dehors des jours encadrant la Nouvelle Lune).

Placez les cartes dans cet ordre :

n° 16	n° 3	n° 14	n° 15

Procédez au tirage.

Après vous être mis(e) en condition, tirez 4 cartes, l'une après l'autre, et posez-les sur chacune des cartes du cycle menstruel/lunaire étalées devant vous (dans l'ordre qui correspond à votre cas actuel).

Chaque carte vous apporte une information sur ce sur quoi porter votre attention, ou à propos de quoi il vous faudra être prudent(e), en fonction de chaque étape du mois à venir.

Par exemple, dans le cas n° 1 :

La 1re ***carte tirée*** *correspond à la semaine en cours (semaine 1), qui est aussi le moment de vos menstruations et/ou de la Nouvelle Lune.*

La 2e ***carte tirée*** *est en lien avec votre période folliculaire à venir, et/ou avec la Lune croissante à venir (semaine 2).*

La 3e ***carte tirée*** *correspond à la période ovulatoire à venir, et/ou à la période de Pleine Lune à venir (semaine 3).*

La 4e ***carte tirée*** *est en lien avec votre période prémenstruelle à venir, et/ou avec la Nouvelle Lune à venir (semaine 4).*

Pour ce tirage, plus de 2 millions de combinaisons sont possibles.

Chaque association de cartes sera donc extrêmement précise, et encore plus pertinente puisqu'en lien avec des dates spécifiques. Cela vous permettra de vous préparer bien plus efficacement aux événements à venir.

Le message des cartes-oracles

1

LUNES AMÉRINDIENNES

Lune du Renouveau de la Terre

RENOUVEAU ☆ CHANGEMENT ☆ ÉQUILIBRE

La Lune amérindienne de janvier vous invite à la contemplation intérieure. C'est l'occasion de réaliser combien il vous serait bénéfique d'abandonner l'ancien pour embrasser pleinement le nouveau, tel un serpent abandonnant son ancienne peau. Elle vous enjoint à arrêter momentanément de regarder en dehors, vers l'extérieur, pour tourner votre regard vers l'intérieur, observer ce qui s'y passe sans jugement et prendre acte de ce que vous ressentez. Soyez à l'écoute de ce que votre âme a à vous dire : elle sait sur quel chemin vous devez continuer à avancer pour évoluer.

Cette carte vous apporte aussi des éclairages sur les événements du prochain mois de janvier (ou du mois de janvier en cours).

« Grâce à la Lune de janvier, j'accepte le changement, par l'abandon de l'ancien et l'accueil du nouveau, ce qui ramène l'équilibre dans ma vie. »

Rituel POUR PROLONGER L'EFFET DE LA CARTE

Pour maintenir l'équilibre dans votre vie, il vous faut accepter le changement, même si cela ne vous est pas agréable. Aller de l'avant avec force et perspicacité nécessite que vous appreniez à maîtriser votre énergie, dans le but de l'utiliser de façon éclairée.

En guise de rituel du renouveau, notez sur une feuille, après une courte méditation, puis prononcez avec intention : « *Aujourd'hui, avec gratitude envers le soutien de la Lune de janvier, je me libère de…* » Puis, quand vous serez prêt(e), brûlez la feuille.

2

LUNES AMÉRINDIENNES

Lune du Repos et de la Purification

REPOS ☆ PURIFICATION ☆ NETTOYAGE

La Lune amérindienne de février vous invite au repos et à la purification à travers l'Élément associé à notre astre céleste, l'Eau.

Après l'effervescence festive de décembre et janvier, février est le moment de se poser et de se reposer : c'est le message de cette carte. Ce repos est l'occasion d'une grande purification qui vous permettra de poursuivre votre chemin dans les meilleures conditions. Pour cela, n'hésitez pas à solliciter l'élément Eau sous différentes formes : bains corporels, bains de pieds, bains de vapeur faciaux, pulvérisations d'hydrolat sur le visage, infusions...

Cette carte vous apporte aussi des éclairages sur les événements du prochain mois de février (ou du mois de février en cours).

« Grâce à la Lune de février, je procède à la purification de tout ce qui le nécessite à l'intérieur de moi, grâce à l'eau, élément de la Lune. »

Rituel POUR PROLONGER L'EFFET DE LA CARTE

Vous êtes invité(e) à nettoyer et purifier vos corps physique, psychique, émotionnel et spirituel, pour vous débarrasser des énergies négatives, voire des entités néfastes.

Dans un grand bol d'eau frémissante (qui peut être de l'eau de Lune), mettez 1 petit verre de sel de la mer Morte, 2 gouttes d'huile essentielle de menthe poivrée, 1 petit verre de romarin frais ou séché, 1 petit verre de laurier frais ou séché et une pierre de lune. Placez votre visage au-dessus de la vapeur aromatique, inspirez profondément puis, à l'expiration, visualisez tout ce qui doit être purifié sortir de vous et confiez tout cela à la Lune de février.

3

LUNES AMÉRINDIENNES

Lune des Grands Vents

MÉNAGE DE PRINTEMPS ☆ CLARIFICATION DES OBJECTIFS

La Lune amérindienne de mars est caractérisée par les vents forts qui balayent tout sur leur passage. Cette Lune vous invite à faire le grand ménage dans votre vie, tant au niveau physique (ménage de printemps) que relationnel (rupture avec des vampires énergétiques) ou d'habitudes de vie (peurs, fumer, grignoter…).

C'est le bon moment pour clarifier vos objectifs principaux pour les mois à venir. Cela leur permettra de se matérialiser plus facilement.

Pour cela, n'hésitez pas à les nommer clairement et à prendre l'habitude de les énumérer à voix haute tous les matins.

Cette carte vous apporte aussi des éclairages sur les événements du prochain mois de mars (ou du mois de mars en cours).

« Grâce à la Lune de mars, j'entreprends un grand nettoyage de tout ce qui m'entrave dans ma vie actuelle, que cela soit physique, relationnel ou comportemental. »

Rituel POUR PROLONGER L'EFFET DE LA CARTE

Tout d'abord, cette carte vous enjoint à jeter ou donner un objet dont vous hésitiez à vous débarrasser.

Ensuite, prenez une feuille de papier sur laquelle vous allez dessiner ou écrire ce qui nécessite d'être éliminé. Déchirez-la en plusieurs morceaux, puis reconstituez-la comme un puzzle sur une surface plane.

Dites ou pensez : « *Ô Lune de mars, aide-moi à faire le grand ménage dans ma vie pour me débarrasser de* (À COMPLÉTER). » Puis soufflez sur votre puzzle en papier et jetez les morceaux à la poubelle.

4

LUNES AMÉRINDIENNES

Lune des Arbres en Bourgeons

RENAISSANCE ☆ ÉNERGISATION ☆ REVITALISATION

La Lune amérindienne d'avril est en lien avec la joie de voir la Nature renaître après quelques mois de repos. Elle vous invite à entrer en connexion avec les arbres en bourgeons et la sève qui ramène la vie dans leurs racines, leurs troncs et leurs branches.

Même si nous sommes loin du printemps au moment du tirage, le message de cette carte est de prendre le temps de sentir la vie pulser à l'intérieur de vous, et de cultiver et faire grandir l'étincelle d'énergie qui vous anime.

Cette carte vous apporte aussi des éclairages sur les événements du prochain mois d'avril (ou du mois d'avril en cours).

« Grâce à la Lune d'avril, je me connecte au flux vital de la Nature pour bénéficier de ses énergies de revitalisation et sentir la vie couler en moi comme la sève dans les arbres. »

Rituel POUR PROLONGER L'EFFET DE LA CARTE

Pour faire (re)venir la joie dans votre vie et sentir à nouveau la Vie pulser dans votre corps, prenez une feuille et notez trois choses qui se sont passées aujourd'hui, et pour lesquelles vous éprouvez une profonde gratitude.

Remerciez la Lune d'avril pour avoir eu la chance d'expérimenter ces petits bonheurs du quotidien. Pliez le papier et glissez-le dans votre poche ou votre porte-monnaie.

N'oubliez pas de sourire tout au long de la journée, à vous-même et aux autres !

À la fin de la journée, prenez le temps d'enterrer la feuille dans un lieu qui vous est cher, ou disposez-la sous votre matelas.

5

LUNES AMÉRINDIENNES

Lune des fleurs

ÉPANOUISSEMENT ☆ CONTEMPLATION ☆ MAGIE

La Lune amérindienne de mai vous invite à entrer en contemplation de la Beauté tout autour de vous.

La Beauté se cache dans le miracle de la Vie qui se met en spectacle continuellement, si vous prenez la peine et le temps d'y consacrer votre attention. L'observation mène à la méditation et donc au lâcher-prise et à la reconnexion à votre Moi supérieur.

Ainsi, même si votre quotidien vous semble morne et sans surprise, essayez de voir les choses du côté de la magie : une fleur qui s'épanouit, un brin d'herbe qui perce le bitume, un oiseau qui chante rien que pour vous…

Cette carte vous apporte aussi des éclairages sur les événements du prochain mois de mai (ou du mois de mai en cours).

« Grâce à la Lune de mai, je me rends compte de la beauté de la Nature autour de moi et de la magie qui œuvre même dans le plus petit brin d'herbe ou le plus infime souffle de vent. »

Rituel POUR PROLONGER L'EFFET DE LA CARTE

Lors de votre prochaine pause de midi, éteignez tous les écrans et supprimez les distractions telles que les livres ou les magazines.

Installez-vous dans un endroit d'où vous pourrez voir à l'extérieur. Mâchez chaque bouchée au moins 7 fois avant d'avaler.

Regardez profondément les éléments autour de vous, d'abord dans les détails, puis dans leur globalité en faisant un « zoom arrière ».

Terminez la journée en vous offrant quelques fleurs pour continuer cet exercice méditatif une fois chez vous.

6

LUNES AMÉRINDIENNES

Lune de Miel

DOUCEUR ☆ BIENVEILLANCE ☆ CONTENTEMENT

La Lune amérindienne de juin vous invite à ramener la douceur dans votre vie, à vous témoigner de la bienveillance. Essayez d'être moins dur(e) envers vous-même, et « lâchez-vous la bride » en vous autorisant quelque chose qui vous fait plaisir.

C'est le bon moment pour travailler sur l'acceptation de ce qui est. En accord avec le quatrième accord toltèque de Don Miguel Ruiz, prenez conscience que vous faites chaque jour de votre mieux, et que c'est parfait ainsi. C'est ce qui fait que vous êtes comme vous êtes aujourd'hui.

Cette carte vous apporte aussi des éclairages sur les événements du prochain mois de juin (ou du mois de juin en cours).

« Grâce à la Lune de juin, je m'octroie une "Lune de miel" en ramenant la douceur et la bienveillance envers moi-même. Je m'autorise un moment "plaisir" qui sera aussi un baume pour mon âme. »

Rituel POUR PROLONGER L'EFFET DE LA CARTE

Pour faire (re)venir la joie dans votre vie, confectionnez-vous un gâteau, des biscuits, ou laissez-vous tenter par une pâtisserie. Vous pouvez aussi essayer la préparation ci-dessous, que la Lune de juin vous propose de réaliser.

Mélangez 1 cuil. à soupe d'argile blanche ou rose, 1 cuil. à soupe de miel et 1 cuil. à soupe d'eau florale (celle de votre choix) ou d'eau simple. Fouettez énergiquement. Appliquez ce baume sur vos mains en vous offrant un automassage des doigts et des paumes.

7

LUNES AMÉRINDIENNES

Lune du Tonnerre

BULLE DE PROTECTION ☆ FORCE

La Lune amérindienne de juillet vous invite à mettre en place une bulle ou une carapace de protection. Les événements actuels nécessitent que vous renforciez la protection autour de vous, sur tous les plans : physique, mental, émotionnel et spirituel.

Le but est d'établir une coque de protection vibratoire suffisamment dense et résistante pour qu'elle puisse faire « rebondir » tout le négatif (tristesse, jalousie, colère…), mais laisse entrer tout le positif (amour, bienveillance, joie…). Établissez mentalement cette bulle tous les jours, au réveil, et renforcez-la le soir au coucher avant de vous endormir.

Cette carte vous apporte aussi des éclairages sur les événements du prochain mois de juillet (ou du mois de juillet en cours).

« Grâce à la Lune de juillet, je m'aperçois qu'il est maintenant indispensable de mettre en place une bulle de protection autour de moi, ou de la renforcer. »

Rituel POUR PROLONGER L'EFFET DE LA CARTE

Diffusez des bruits de pluie, d'orage et de tonnerre. Installez-vous confortablement, en vous enveloppant d'une couverture. Visualisez une grande bulle se former autour de vous, en connexion avec la puissance de la Lune de juillet, assez épaisse pour vous protéger du tonnerre et des intempéries. Son diamètre est celui de votre zone de confort (ou zone personnelle). Sa couleur vous viendra librement : mémorisez-la bien, car elle correspondra à celle du chakra qui a besoin d'être équilibré pour renforcer votre carapace de protection. Si vous en possédez, tenez dans vos mains une obsidienne noire et un œil-de-tigre (pierres de protection).

8

LUNES AMÉRINDIENNES

Lune des Baies Mûres

BEAUTÉ ☆ ACCOMPLISSEMENT ☆ RÉVÉLATION

La Lune amérindienne d'août vous invite à laisser s'épanouir votre beauté. C'est la période de la maturité, de l'accomplissement. Oui, vous êtes belle/beau, et cette beauté ne demande qu'à être révélée au monde, et à vous-même.

Telle une fleur, il est temps d'éclore pour montrer au monde votre beauté intérieure — y compris à vous-même — et en éprouver de la joie et de la gratitude.

Rayonnez votre amour intérieur pour le Monde afin de révéler qui vous êtes vraiment. La Lune d'août vous donne sa bénédiction et vous apporte la garantie que tout se passera bien.

Cette carte vous apporte aussi des éclairages sur les événements du prochain mois d'août (ou du mois d'août en cours).

« Grâce à la Lune d'août, je me rends compte de ma beauté intérieure et extérieure, et j'accepte qu'elles soient révélées au monde, tel un diamant qui peut enfin exprimer toute sa brillance. »

Rituel POUR PROLONGER L'EFFET DE LA CARTE

Écrasez 3 poignées de fruits rouges frais ou surgelés en disant ou en pensant : « *Ô ma Lune d'août, je te remercie d'énergiser ce mélange de fruits, qui symbolise l'abondance et la maturité, pour sublimer ma beauté.* »

Appliquez ce mélange (éventuellement additionné de quelques gouttes d'eau de Lune) sur votre visage. Couvrez d'un linge fin humidifié d'eau chaude. Pensez ou dites : « *Oui, je suis belle/beau, merci de m'aider à m'en rendre compte, d'amplifier ma beauté extérieure et de laisser transparaître ma beauté intérieure à l'extérieur pour que tout le monde puisse la voir.* »

9

LUNES AMÉRINDIENNES

Lune des Récoltes

CÉLÉBRATION ☆ ABONDANCE ☆ GRATITUDE

La Lune amérindienne de septembre vous invite à célébrer l'abondance dans votre vie.

L'abondance est là, dans votre vie, même s'il semble que vous ne la voyez pas.

Cette abondance peut être matérielle, car nous sommes des êtres incarnés qui expérimentons la matérialité à chaque instant.

Cependant, une forme d'abondance pour laquelle éprouver la plus grande gratitude est plus subtile : c'est l'abondance d'amour, de santé, de sérénité, de petits plaisirs du quotidien. Soyez-en conscient(e) à chaque instant.

Cette carte vous apporte aussi des éclairages sur les événements du prochain mois de septembre (ou du mois de septembre en cours).

« Grâce à la Lune de septembre, je réalise à quel point l'abondance est présente dans ma vie à tous les niveaux. Je célèbre cette abondance, dans la gratitude envers l'Univers qui me l'offre au quotidien. »

Rituel POUR PROLONGER L'EFFET DE LA CARTE

Sur un bout de papier, notez tout ce pour quoi vous éprouvez de la gratitude dans votre vie, des éléments, des personnes, des événements dans votre vie qui vous font du bien.

À la fin, écrivez : « *Je remercie l'Univers et la Lune de septembre pour cette abondance.* » Déposez ce papier enroulé dans un petit pot ou un petit bol, puis recouvrez-le avec du laurier, du romarin et du thym. Laissez ce pot dans un endroit visible jusqu'à ce que cet enseignement soit intégré. Vous pourrez alors soit brûler l'ensemble, soit l'enterrer à un endroit qui a du sens pour vous.

10

LUNES AMÉRINDIENNES

Lune de la Chute des Feuilles

MÉDITATION ☆ CONNEXION LUNAIRE

La Lune amérindienne d'octobre vous invite à la méditation de pleine conscience en connexion avec la Lune. Cet état de conscience modifié vous aidera à être dans l'« *ici et maintenant* », et non pas sans cesse plongé(e) dans le passé (les souvenirs) ou dans le futur (l'imagination).

La pleine conscience nous ramène à notre corps, et à l'instant présent. Pour atteindre la pleine conscience, il faut déconnecter son mental sans cesse en train de réfléchir. Les exercices respiratoires et la méditation sont de bons moyens pour y arriver.

Cette carte vous apporte aussi des éclairages sur les événements du prochain mois d'octobre (ou du mois d'octobre en cours).

« Grâce à la Lune d'octobre, je me connecte en conscience à notre astre sélène pour expérimenter l'ici et maintenant et reprendre contact avec les sensations à l'intérieur de mon corps. »

Rituel POUR PROLONGER L'EFFET DE LA CARTE

Dans la nature, allez ramasser des éléments naturels tombés au sol (feuilles, brindilles, pommes de pin, cailloux...). En étant dans la conscience de ce que vous faites, ancré(e) et centré(e), créez au sol un mandala en forme de lune avec les éléments ramassés.

Pendant ce temps, imaginez les énergies de la Lune d'octobre descendre et imprégner votre ouvrage et vous-même. Quittez votre création quand vous sentez que c'est le bon moment, en la laissant en place : soyez sûr(e) qu'une autre personne qui en a besoin viendra à sa rencontre et en éprouvera du réconfort.

11

LUNES AMÉRINDIENNES

Lune de Givre

CONSOLATION ☆ AMOUR INCONDITIONNEL

La Lune amérindienne de novembre vous enjoint à rassurer votre enfant intérieur.

Actuellement, votre enfant intérieur est comme enfermé dans une gangue de givre. Il a besoin que vous réchauffiez son cœur, que vous le consoliez et que vous lui disiez que vous l'aimez.

Nous possédons tous un enfant intérieur qui souffre encore et qui doit accéder à la guérison. En prendre conscience est déjà un grand pas ; ensuite, témoignez-lui de la bienveillance et de la gratitude. Assurez-lui que vous serez toujours là pour lui, et que vous répondrez toujours à ses besoins.

Cette carte vous apporte aussi des éclairages sur les événements du prochain mois de novembre (ou du mois de novembre en cours).

*« Grâce à la Lune de novembre,
je me sens renforcé(e) de l'Amour
de notre astre et capable de consoler
et de rassurer mon enfant intérieur pour
réchauffer son cœur, qui est aussi le mien. »*

Rituel POUR PROLONGER L'EFFET DE LA CARTE

Visualisez-vous tel(le) que vous êtes aujourd'hui, enrichi(e) de toutes vos expériences de vie — négatives et positives.

Représentez-vous mentalement enfant, à une période de votre vie qui a été difficile et pénible. Dites à cet enfant que vous l'aimez d'un Amour inconditionnel, que vous êtes fier(e) de lui/elle, et que vous serez toujours, toujours là pour lui/elle. Réchauffez-le/la pour faire fondre tout ce givre et amener la chaleur dans son cœur. Transmettez-lui aussi l'Amour inconditionnel de la Lune de novembre, grâce à votre intermédiaire.

12

LUNES AMÉRINDIENNES

Lune des Longues Nuits Froides

BILAN ☆ CHALEUR ☆ RÉCONFORT

La Lune amérindienne de décembre vous invite au bilan et à faire table rase de tout ce qui n'a plus vocation à être.

Elle vous enjoint également à ramener la chaleur et la lumière dans votre vie pour vous sentir revivre au creux de l'hiver, ou d'une nuit noire de l'âme. La lumière et la chaleur ramènent l'espoir et la vie.

C'est un avant-goût qui nous aide à attendre le printemps à venir. Cette chaleur peut être réelle (feu de bois, bougie...) ou subtile (chaleur du cœur).

Cette carte vous apporte aussi des éclairages sur les événements du prochain mois de décembre (ou du mois de décembre en cours).

« Grâce à la Lune de décembre, je profite du froid extérieur pour ramener la chaleur dans ma vie et dans mon cœur. Je fais le bilan pour ne garder que l'essentiel et le positif. »

Rituel POUR PROLONGER L'EFFET DE LA CARTE

Lors d'un moment calme de votre journée, allumez une bougie. Regardez la flamme brûler et ramener la chaleur dans votre cœur. Utilisez cette flamme pour allumer un bâton de fumigation et passez-le dans chaque pièce de votre maison, en longeant les murs et en insistant dans les coins et les recoins. Refaites le tour en sens inverse. Tout au long du processus, visualisez la fumée accrocher la négativité et tout ce dont vous n'avez plus besoin. À la fin, ouvrez les portes et fenêtres pour tout laisser s'échapper vers la Lune de décembre qui va transmuter ces énergies qui n'ont plus lieu d'être.

13

CYCLE FÉMININ

Nouvelle Lune

MENSTRUATION ☆ HIVER ☆ NUIT

La carte de la Nouvelle Lune, en correspondance avec l'Hiver, la nuit et la période des menstruations, vous invite à vous éloigner de la société et de ses exigences, à créer votre bulle pour vous protéger et vous régénérer.

La perte du sang menstruel représente le lâcher-prise à mettre en œuvre à cette période du cycle menstruel, mais aussi durant la période de 6 jours encadrant la Nouvelle Lune.

Cette carte vous invite à renouer avec votre Féminité sacrée et à l'introspection. Essayez de laisser les choses se dérouler sans vous impliquer émotionnellement.

Cette carte vous invite aussi à accepter de lâcher prise sur quelque chose qui n'a plus lieu d'être.

« Grâce à Hécate, déesse de la Nouvelle Lune, je m'éloigne de la société pour renouer avec ma féminité sacrée. J'entre dans l'Hiver pour me régénérer et favoriser l'introspection. »

Rituel POUR PROLONGER L'EFFET DE LA CARTE

La Nouvelle Lune est symbolisée par Hécate, représentant à la fois la mort et la renaissance.

La nuit, invoquez-la en tenant une obsidienne noire (pour l'enracinement) entre vos mains en disant : « *Hécate, je t'appelle ici et maintenant pour m'aider à renaître à moi-même, meilleure et plus forte que jamais, et je te remercie pour ta présence.* »

Placez ensuite l'obsidienne noire sous votre lit pour continuer à travailler sur votre enracinement pendant vos nuits de sommeil.

14

CYCLE FÉMININ

Lune croissante

PHASE FOLLICULAIRE ☆ MATIN ☆ PRINTEMPS

La carte de la Lune croissante est en lien avec le Printemps, le matin et la phase folliculaire pendant laquelle un ovocyte est en phase de maturation. L'énergie mise en œuvre est dédiée à la croissance et au mouvement. C'est le moment idéal pour planter les graines des projets à venir afin que leur déroulement se passe le mieux possible.

Cette carte vous enjoint ainsi à réaliser le premier pas d'un projet que vous voudriez voir réalisé, qu'il soit récent ou plus ancien et plus enfoui à l'intérieur de vous.

Laissez à ce projet la chance de devenir réalité en initiant sa matérialisation par un échange avec quelqu'un d'autre ou un acte plus ancré dans la matérialité.

« Grâce à Artémis, déesse de la Lune croissante, je plante les graines de mon projet dans le sein de notre Terre Mère, pour lui fournir le terreau et l'énergie nécessaires à son développement. »

Rituel POUR PROLONGER L'EFFET DE LA CARTE

La Lune en croissant est symbolisée par Artémis, déesse de la Nature sauvage et de la chasse. Elle est en lien avec les grands événements qui jalonnent la vie d'une femme (naissance, puberté, enfantement, ménopause, mort).

Le matin, invoquez-la en tenant une aventurine (pour la motivation) entre vos mains en disant : « *Artémis, je t'invoque ici et maintenant pour me donner une impulsion nécessaire à l'enclenchement de mes projets, et je te remercie pour ta présence.* »

Gardez la pierre sur vous (idéalement au contact de la peau) durant toute la journée.

15

CYCLE FÉMININ

Pleine Lune

OVULATION ☆ MIDI ☆ ÉTÉ

La carte de la Pleine Lune est en lien avec l'Eté, le milieu de journée (midi) et l'ovulation, pendant laquelle l'ovocyte est expulsé des ovaires en vue d'une éventuelle fécondation. C'est une énergie d'expansion et d'ouverture, où les graines plantées vont commencer à germer.

Ce moment où l'énergie est à son comble et explose de force est idéal pour booster le développement et l'avancée de projets déjà initiés, qui nécessitent un coup de collier pour aller de l'avant. Profitez du message de cette carte pour mettre cette occasion à profit.

La Lune, par sa plénitude, vous soutient dans cette mise en mouvement et vous assure qu'elle se déroule au mieux. Remerciez-la chaleureusement.

« *Grâce à Séléné, déesse de la Pleine Lune, j'appelle vers moi l'énergie d'expansion et d'ouverture qui soutiendront la germination de mon projet.* »

Rituel POUR PROLONGER L'EFFET DE LA CARTE

La Pleine Lune est symbolisée par Séléné, représentant la croissance et la maturité dans le cycle de vie. C'est la déesse des plantes et des animaux, de l'accouchement, de la folie et du mois (d'où son autre nom : Menée).

Vers midi, invoquez-la en tenant une pierre de lune (pour la féminité) entre vos mains en disant : « *Séléné, je t'invoque ici et maintenant pour m'aider à atteindre l'expansion, l'ouverture, l'abondance et l'apogée de mes projets, rêves et souhaits, et je te remercie pour ta présence.* »

Mettez ensuite la pierre dans un bain corporel ou un bain de pieds, le jour même.

16

CYCLE FÉMININ

Lune décroissante

PHASE PRÉMENSTRUELLE ☆ SOIR ☆ AUTOMNE

La carte de la Lune décroissante est en lien avec l'Automne, l'après-midi ou le soir et la phase prémenstruelle ou d'installation d'un embryon dans l'utérus. Vous devrez être particulièrement attentif/ve à bien accompagner le déroulement de votre projet.

Le message de cette carte est de lever le pied, tout en étant particulièrement attentif/ve à la façon dont se passe les choses. Un peu comme un grand coordinateur, vous regardez avec du recul, prêt(e) à reprendre les rênes si les choses ne se déroulent pas comme prévu.

La Lune décroissante vous invite à observer avec bienveillance, telle l'une de vos ancêtres vous protégeant par son amour inconditionnel.

« Grâce à Artémis, déesse de la Lune décroissante, je réunis les forces et l'énergie nécessaires au bon déroulement et au parfait achèvement de mon projet. »

Rituel POUR PROLONGER L'EFFET DE LA CARTE

La Lune décroissante est également symbolisée par Artémis, déesse de la Lune en croissant (dans un sens ou dans l'autre), en lien avec les grands événements qui jalonnent la vie d'une femme (voir aussi carte 14).

L'après-midi ou le soir, invoquez-la en tenant une labradorite (pour l'intuition) entre vos mains en disant : « *Artémis, je t'invoque ici et maintenant pour m'aider à récolter les fruits de tout ce que j'ai mis en place jusqu'à présent, et je te remercie pour ta présence.* »

Au coucher, disposez-la sous votre oreiller et soyez attentive aux messages subtils que vous recevrez, sous sa protection.

17

ARCHÉTYPES DU FÉMININ SACRÉ

La sorcière

ACCEPTATION ☆ SATISFACTION ☆ INTUITION

Appelée aussi Vieille Femme ou l'Ancienne, la Sorcière vous invite au lâcher-prise et à l'acceptation. Elle vous dit que vous êtes déjà tout, que vous avez déjà assez. Elle vous soutient dans qui vous êtes et vous dit que cela suffit. Il vous suffit d'être qui vous êtes. Ne revivez pas votre passé, les événements qui se sont déjà joués. Rien ne doit être modifié ni réparé.

Intuitive, extra-lucide, connectée aux plans subtils, la Sorcière est en lien avec les cycles de la vie, de la naissance à la mort.

Confiez-lui vos rêves et vos projets, et laissez-la mettre en place ses énergies créatrices dans votre vie sans que vous n'ayez rien à faire de spécial, à part vous laisser bercer par elle, dans le repos et le détachement.

« Grâce à la Sorcière, j'accepte les événements passés qui n'ont pas à être changés. Je m'ouvre à l'énergie créatrice qu'elle m'offre, dans le lâcher-prise et la gratitude. »

Rituel POUR PROLONGER L'EFFET DE LA CARTE

Pour vous y aider, vous pouvez boire une infusion de camomille, réputée depuis longtemps pour être la plante de l'introspection. Cette infusion peut vous aider à atteindre un haut niveau de relaxation, propice à l'observation profonde de votre être intérieur.

Vous êtes invité(e) à vous préparer cette infusion dans le calme et dans une ambiance cérémonielle. Installez-vous confortablement dans un endroit d'où vous pouvez admirer la Pleine Lune. Profitez de ce moment privilégié pour explorer vos aspirations profondes et laisser venir ce qui émerge sans autojugement. Remerciez pour l'abondance dans votre vie.

18

ARCHÉTYPES DU FÉMININ SACRÉ

La vierge

INNOCENCE ☆ EXPÉRIENCE ☆ CONCRÉTISATION

Aussi appelée la Jeune Fille, la Vierge vous invite à retrouver l'innocence de votre enfance, à la limite de la naïveté. Son credo ? *Carpe diem* ! Adressez-vous à votre Jeune Fille intérieure et rassurez-la : vous ne l'abandonnerez pas et serez toujours là pour elle.

Acceptez de sortir de votre zone de confort et de votre routine pour retrouver un peu de liberté. Tournez-vous vers de nouvelles expériences et sortez reprendre contact avec la nature.

Cette carte vous indique aussi que c'est le moment idéal pour oser et entreprendre afin que vos rêves deviennent une réalité !

Rappelez-vous votre énergie d'adolescent(e) à qui le monde ouvrait les bras, et essayez de regarder le monde dans cette posture.

« Grâce à la Vierge, je retrouve mon enfant intérieur que je rassure et cajole. Je reprends contact avec la nature et j'ose initier l'étape qui me permettra de réaliser mes rêves. »

Rituel POUR PROLONGER L'EFFET DE LA CARTE

Ce rituel est un premier pas pour faire passer vos vœux les plus chers du domaine énergétique et vibratoire vers la matérialité.

Donnez-leur vie en les notant sur une feuille. Ensuite, brûlez la feuille et regardez la fumée monter vers la Lune pour qu'elle vous aide à concrétiser vos souhaits.

Enterrez les cendres dans du terreau avec quelques graines, ou dans le pot de votre plante d'intérieur, ou encore au pied de votre arbre préféré. Ce faisant, dites à voix haute ou pensez : « *Ô Lune, je te remercie pour ton aide à la bonne réalisation de mes vœux et souhaits.* »

19

ARCHÉTYPES DU FÉMININ SACRÉ

La Mère

CONVIVIALITÉ ☆ COMMUNION ☆ SOCIABILITÉ

Aussi appelée la Déesse, la Mère vous invite à réunir vos proches au tour d'un bon moment convivial, à partager un verre ou un repas dans un état d'esprit de communion et de sociabilité.

C'est la période idéale pour concrétiser vos envies et souhaits, dans une juste mesure (ne vous épuisez pas !) : si une envie vous titille, c'est le bon moment pour la mettre en œuvre. Épanouissement, relations sociales, motivation, inspiration et bonne humeur sont au rendez-vous !

Cette carte vous propose d'établir un contact mental avec la Lune, même si elle n'est pas visible. Confiez-vous (intérieurement ou à voix haute) à cette figure maternelle universelle à l'amour inconditionnel qu'est notre astre céleste pour vous alléger de vos soucis.

« Grâce à la Mère, je déclenche franchement les événements qui me permettront de concrétiser mes souhaits, dans la convivialité et la communion avec mes proches. »

Rituel POUR PROLONGER L'EFFET DE LA CARTE

Comme la Mère, vous allez organiser un moment convivial avec vos proches.

Pensez à cette/ces personne(s) que vous n'avez pas vue(s) depuis longtemps et qui vous manquent. La vie du quotidien, jour après jour, a fait que vous n'avez pas pu organiser de rencontre récemment. Contactez-la/les et convenez enfin d'un moment pour vous voir, même si c'est dans quelques mois seulement.

Prenez le temps de réfléchir au menu ; pas besoin d'un repas de luxe, préparez une bonne recette qui fait du bien au cœur. Partagez avec générosité.

20

ARCHÉTYPES DU FÉMININ SACRÉ

L'enchanteresse

INTÉRIORISATION ☆ SENSIBILITÉ ☆ RALENTISSEMENT

Appelée également la Femme Sauvage ou Femme Sage, l'Enchanteresse vous invite à ralentir, à observer votre météo intérieure alors que les émotions sont moins harmonieuses et que la sensibilité se fait plus présente. L'intuition s'affûte et les perceptions extra-sensorielles sont plus fréquentes, mais l'envie de critiquer (soi-même et les autres) aussi.

En conséquence, le mouvement est plutôt en faveur du repli intérieur au détriment des relations sociales. L'heure est au bilan. Écoutez votre petite voix intérieure, ralentissez le rythme et prenez soin de vous.

Ce ressourcement intérieur sera essentiel pour repartir de plus belle par la suite.

« Grâce à l'Enchanteresse, j'accepte mes émotions fluctuantes et je suis à l'écoute de mon intuition. Soumis(e) à des sensations parfois désagréables, je m'assure que ma parole et ma pensée soient impeccables. »

Rituel POUR PROLONGER L'EFFET DE LA CARTE

Vous êtes invité(e) à vous préparer un bain d'élévation spirituelle. Versez dans l'eau bien chaude 1 petit verre de sel rose de l'Himalaya, 2 gouttes d'huile essentielle de myrrhe, 1 petit verre de cannelle séchée en morceaux (pas de poudre), 1 petit verre d'achillée millefeuille fraîche ou séchée et 1 aventurine verte. Disposez quelques bougies autour de la baignoire.

Ce bain vous aidera à vous connecter aux mondes subtils, à vos anges, vos guides, votre Moi supérieur ou à l'Univers, ou à rester relié(e) à l'invisible, même en état de conscience ordinaire.

21

CONFIGURATIONS ASTRONOMIQUES

Éclipse de Lune

OCCULTATION ☆ OMBRE ☆ TOXICITÉ

Une éclipse lunaire se produit lorsque le Soleil, la Terre et la Lune sont alignés : la Lune se trouve alors occultée par l'ombre de la Terre.

La carte de l'éclipse lunaire vous indique qu'une personne ou un événement est en train de vous éclipser. Recherchez dans votre entourage si un individu ou une situation vous fait actuellement du tort ou met vos projets en danger. Une fois que vous aurez identifié l'élément perturbateur, vous pourrez couper les liens de toxicité en réalisant avec votre pleine intention l'exercice du bonhomme allumette (voir ci-contre). Créé par Jacques Martel, ce rituel sert à se libérer d'une relation toxique avec une personne ou d'un attachement destructeur à une situation. Il est très puissant, et vous en verrez rapidement les effets.

« Je repère les personnes et situations toxiques autour de moi, qui occultent ma personne et font de l'ombre à mes actions et projets. »

Rituel POUR PROLONGER L'EFFET DE LA CARTE

Sur une feuille, symbolisez-vous à gauche sous la forme d'un bonhomme, et écrivez votre prénom en dessous. À droite, dessinez la personne impliquée (avec son prénom), ou faites un résumé de la situation. Dessinez un soleil autour de vous, en vous envoyant de l'amour, et faites de même pour l'élément à droite. Puis englobez le tout dans un grand soleil.

Ensuite, avec la couleur correspondante, reliez les chakras entre eux (par exemple, le chakra couronne de chaque personnage avec du violet). Faites de même pour une situation.

Puis découpez ces liens d'attachement, et brûlez les deux parties de feuille.

22

CONFIGURATIONS ASTRONOMIQUES

Super Lune

AFFIRMATION ☆ POSITIONNEMENT ☆ DÉVOILEMENT

Une Super Lune se produit lorsque l'astre sera à son périgée lors de sa Pleine Lune, c'est-à-dire au plus proche de la Terre. Il ne se passe que quelques heures entre l'heure exacte du périgée de la Lune et celle de la Pleine Lune.

La Super Lune est donc une Pleine Lune très puissante qui nous paraît 30 % plus lumineuse et 14 % plus grande qu'à l'accoutumée.

Le message de cette carte est qu'il est temps de vous mettre en avant, d'exprimer vos opinions et d'exposer vos idées. Le temps où vous pensiez devoir vous cacher est révolu !

Osez vous affirmer, vous positionner, montrez qui vous êtes au monde entier et laissez briller votre Lumière. Le monde, dans votre vie privée ou professionnelle, a besoin de vous, et ce n'est que le fait de vous révéler à qui le lui fera comprendre.

« J'ose m'affirmer, me positionner,
me dévoiler, je montre ma Lumière
et je la laisse briller de toute sa puissance. »

Rituel POUR PROLONGER L'EFFET DE LA CARTE

Avec un crayon à maquillage argenté, dessinez une Super Lune sur votre visage. Elle devra être ronde, grande et remplie. Ensuite, prenez-vous en photo en récitant l'affirmation ci-dessus à voix haute.

Imprimez votre photo et placez-la sur votre réfrigérateur ou votre armoire à vêtements pour vous en imprégner au quotidien. Chaque matin, prenez quelques instants pour vous admirer et dire une courte phrase clé à voix haute, comme : « *J'ose m'affirmer et je laisse briller ma Lumière.* »

CONFIGURATIONS ASTRONOMIQUES

Micro Lune

PRISE DE RECUL ☆ VISION GLOBALE

La Micro Lune est un phénomène lors duquel la Pleine Lune coïncide avec l'apogée de l'astre céleste, c'est-à-dire le point de l'orbite de la Lune où sa distance avec la Terre est maximale : elle nous paraîtra plus petite et moins brillante.

La carte de la Micro Lune vous invite à prendre du recul sur une situation ou dans le cadre d'une relation, qu'elle soit privée ou professionnelle. Il est temps de vous faire discret(e), de vous retrancher dans votre tanière, tel l'ours qui se prépare à hiberner.

Cette prise de hauteur vous permettra de mettre votre vie en perspective et de reconsidérer sous un jour nouveau tous les événements qui se sont produits au fil du temps. Cela vous aidera à comprendre son grand schéma d'ensemble, les tenants et les aboutissants de tout ce que vous avez vécu, appris et ressenti jusqu'à présent.

« J'accepte que ce soit une période où je dois me retrancher dans mon intérieur, pour prendre du recul et considérer les événements et la situation avec une autre perspective. »

Rituel POUR PROLONGER L'EFFET DE LA CARTE

Sur une feuille de papier, dessinez-vous au centre, puis laissez-vous guider par vos ressentis et votre intuition pour dessiner autour de vous les éléments qui vous viennent spontanément. Ne cherchez pas à conceptualiser ou à intellectualiser.

À la fin, vous pouvez analyser votre dessin dans la foulée, ou le laisser de côté quelques jours pour comprendre l'ensemble de votre situation actuelle.

24

CONFIGURATIONS ASTRONOMIQUES

Lune Bleue

MOMENT PROPICE ☆ ACTION

Une Lune Bleue est une deuxième pleine lune qui a lieu au cours d'un même mois. Elle se produit lors d'une année à 13 lunes (au lieu de 12 habituellement), ce qui a lieu en moyenne tous les 2,62 ans.

Le message de cette carte est qu'une occasion en or va se présenter pour mettre un grand coup de collier afin de démarrer, poursuivre ou achever un projet. Cette occasion spéciale sera propice à ce que tout se déroule parfaitement bien. Vous devez donc rester très attentif/ve pour ne pas rater le coche et agir au bon moment ! Soyez constamment en alerte dans les prochains temps, et particulièrement ouvert(e) à tout ce qui se passe autour de vous. Ce n'est plus le moment d'être dans l'attentisme et la passivité : mettez-vous en mouvement !

« Je suis sur le qui-vive pour ne pas rater le coche d'une grande occasion à venir dans les plus brefs délais, qui me permettra de concrétiser sérieusement mes plans. »

Rituel POUR PROLONGER L'EFFET DE LA CARTE

Mettez une cornaline dans chaque poche (au plus près du chakra sacré qui leur correspond, pour booster ce centre de la créativité). Prenez une bougie rouge (allumée) dans une main (couleur de la force) et une bougie orange (allumée) dans l'autre (couleur du courage). Diffusez de l'huile essentielle d'orange douce (pour la créativité).

Pensez ou dites : « *Aujourd'hui, j'ose me mettre en avant et dévoiler mon projet au monde.* » Soufflez la bougie orange. Puis pensez ou dites : « *Tout est actuellement parfait pour que je puisse mener ce projet à bien, grâce à la protection de la Lune Bleue.* » Soufflez la bougie rouge.

25

PIERRES DE LITHOTHÉRAPIE

Pierre de lune

FÉMINITÉ ☆ HYPERSENSIBILITÉ ☆ ÉMOTIONS

En lien avec la Pleine Lune, la pierre de lune est l'alliée de la Femme dans le vécu de sa féminité, de son cycle menstruel, de la grossesse et de l'accouchement.

Sa correspondance avec le chakra sacré la rend particulièrement indiquée pour dénouer les blocages et rééquilibrer les émotions, en particulier chez les hypersensibles.

La carte de la pierre de lune vous prépare à la fin d'un cycle suivie d'un nouveau départ, ou à un voyage intérieur, dans lequel vous serez soutenue par ce cristal qui facilite les intuitions et affûte les capacités extra-sensorielles.

Boire de l'eau de pierre de lune exposée à la lumière de la Pleine Lune favorisera la confiance en soi, le calme intérieur et la sagesse, dans la compassion et la bienveillance.

« La pierre de lune, pierre de la Pleine Lune, m'assiste dans ma vie de Femme, quelle que soit l'étape actuelle où je me trouve. Elle m'aide à dompter mon hypersensibilité et à affûter mes capacités extra-sensorielles. »

Rituel POUR PROLONGER L'EFFET DE LA CARTE

Remplissez un bocal de fleurs séchées (ou préfanées) d'achillée millefeuille, sans tasser. Recouvrez d'huile d'amande, puis laissez macérer dans un endroit chaud. Laissez le bocal dehors toute une nuit à l'occasion d'une Pleine Lune. Au bout de 3 à 4 semaines, filtrez le contenu pour obtenir un macérat huileux. Prélevez-en 60 ml et faites-y fondre 1 cuil. à soupe de cire d'abeille, au bain-marie. Versez dans un récipient et laissez refroidir. Ajoutez 1 cuill. à café de très petites pierres de lune : ce minéral entre en correspondance avec l'achillée millefeuille et en dynamise les vertus, tout en apportant ses propres bienfaits lors d'un massage ou automassage.

PIERRES DE LITHOTHÉRAPIE

Sélénite

INTUITION ☆ INTROSPECTION ☆ CONSCIENTISATION

La sélénite est un cristal associé à la Pleine Lune et à son symbole, la déesse Séléné. En correspondance avec le chakra coronal, elle est précieuse aux niveaux émotionnel et spirituel.

La sélénite nous permet d'affiner notre intuition et de plonger dans les profondeurs de notre personnalité. Elle nous fait notamment ressentir et intégrer dans tous nos corps le fait que nous faisons partie intégrante de la Source de Lumière et que nous sommes des êtres multidimensionnels. Elle favorise l'introspection et la purification, nous aidant à prendre conscience d'éléments importants de l'inconscient et à briller de l'intérieur vers l'extérieur. Tenez-la entre vos mains lors d'une méditation d'ancrage et d'enracinement en période de Pleine Lune.

« La sélénite, pierre de la Pleine Lune,
m'aide à mieux vivre dans
ma multidimensionnalité, équilibre
mes émotions, affine l'introspection
et soutient ma spiritualité. »

Rituel POUR PROLONGER L'EFFET DE LA CARTE

Diffusez un fond sonore enregistré en pleine nature, où l'on entend par exemple des oiseaux, de la pluie, une cascade, un orage ou encore du vent dans les arbres.

Habillez-vous de blanc et allongez-vous sur une couverture ou un drap blanc.

Déposez ensuite une sélénite sur votre chakra du cœur : elle vous aidera à rétablir l'équilibre énergétique de tout votre corps et installera en vous une sérénité intérieure propice à l'élévation spirituelle et à la méditation.

27

PIERRES DE LITHOTHÉRAPIE

Opale blanche

CRÉATIVITÉ ☆ IMAGINATION ☆ JOIE

L'opale blanche est une opale noble liée à la Pleine Lune. Pierre de la joie de vivre, de la créativité et de l'imagination, elle permet de nous rendre compte que, pour reprendre les mots de Pierre Teilhard de Chardin, « *nous sommes un être spirituel vivant une expérience humaine* » en intensifiant chaque expérience vécue dans l'incarnation.

Elle renforce la joie de vivre et favorise une bonne santé de manière générale. En effet, elle purifie le corps causal, facilite la circulation des énergies dans tous nos corps subtils et apporte de la lumière dans notre aura. Elle développe notre intuition et facilite le voyage astral. Elle agit sur le plan spirituel simplement en la regardant. Pour un effet sur le plan physique, portez-la sur vous, dans votre poche ou votre sac à main.

« L'opale blanche, pierre de la Nouvelle Lune, m'aide à vivre pleinement mon expérience dans la matière tout en étant conscient(e) à chaque instant du fait que je suis une fraction du Grand Tout. »

Rituel POUR PROLONGER L'EFFET DE LA CARTE

Glissez une petite opale blanche dans un flacon de 30 ml d'huile végétale neutre (olive peu odorante, amande douce…) avec 15 gouttes d'huile essentielle d'ylang-ylang et 1 gousse de vanille fendue en deux. Laissez macérer durant toute une lunaison, en exposant le flacon aux rayons lunaires pour le dynamiser.

Secouez bien avant d'utiliser cette huile en massage du plexus solaire, centre énergétique de la joie, chaque fois que vous en ressentez le besoin (dans la limite de 4 à 5 applications par jour). Ce faisant, visualisez les rayons de la Lune harmoniser toutes les couches de votre aura.

28

PIERRES DE LITHOTHÉRAPIE

Labradorite

PROTECTION ☆ STABILISATION ☆ ACUITÉ

La labradorite est aussi appelée « pierre de lune noire ». En lien avec la Nouvelle Lune et le chakra coronal, elle stabilise et renforce les différentes couches de l'aura et favorise les échanges énergétiques entre ces dernières et les chakras qui les nourrissent.

Elle améliore l'acuité mentale en nous permettant d'entrevoir simultanément de multiples futurs possibles. Elle aide à surmonter le stress, l'anxiété et le sentiment d'insécurité, ainsi qu'à définir nos intentions et à développer nos capacités extra-sensorielles.

Elle agit principalement sur le corps émotionnel : la porter sur soi en période de Nouvelle Lune est indispensable lorsqu'on souhaite se protéger des émotions trop envahissantes des autres et conserver son énergie intérieure.

« La labradorite, pierre de la Nouvelle Lune, renforce mon aura, équilibre mes chakras, me protège des émotions des autres, favorise mon acuité mentale et m'apporte un sentiment de sécurité. »

Rituel POUR PROLONGER L'EFFET DE LA CARTE

La labradorite permet aux thérapeutes de se régénérer par l'alliance harmonieuse des corps mental et émotionnel ainsi que par le renforcement et la réparation des brèches émotionnelles dans l'aura. Pour tout un chacun, elle empêche d'être « vampirisé » par les émotions négatives d'autrui, surtout si l'on est soi-même fragilisé(e).

Réalisez une eau de gemme en faisant « infuser » dans l'eau un cristal pour qu'il dynamise le breuvage. Mélangez à parts égales votre eau de gemme et un alcool fort (vodka, cognac…). Prenez-en 30 gouttes tous les soirs sauf le dimanche, pendant 21 jours.

29

PIERRES DE LITHOTHÉRAPIE

Obsidienne noire

ANCRAGE ☆ ENRACINEMENT ☆ CLARTÉ

L'obsidienne noire est une pierre d'ancrage liée à la Nouvelle Lune. Elle nous fait comprendre que l'on doit respecter les énergies de la Terre, nous aide à nous centrer et à nous enraciner dans les énergies de Mère Nature, fournissant ainsi des fondations stables pour notre évolution à venir.

Il s'agit également d'une puissante pierre de protection qui apporte de la clarté dans nos états émotionnels intérieurs. Elle est très puissante pour repousser tout le négatif qui nous voudrait du mal : émotions, vibrations, entités...

Elle peut, enfin, refléter les pensées d'une autre personne et les porter à l'attention de celui qui la porte, lui conférant ainsi une sorte de clairvoyance.

« L'obsidienne noire, pierre de la Nouvelle Lune, m'apporte la protection spirituelle et la clairvoyance, tout en entrant en symbiose avec les énergies de la Terre Mère et en respectant la Nature tout autour de moi. »

Rituel POUR PROLONGER L'EFFET DE LA CARTE

En période de Nouvelle Lune (de 3 jours avant à 3 jours après la Nouvelle Lune), méditez avec une obsidienne posée à vos pieds ou même directement glissée dans vos chaussettes (une à chaque pied). En fond sonore, diffusez le bruit de l'eau qui coule dans une grotte souterraine (bruit blanc), facilement trouvable sur Internet. Les bruits blancs sont des sons répétitifs naturels (ex. : pluie) ou issus d'appareils (ex. : sèche-cheveux) qui calment le mental.

À la fin de la méditation, posez sur votre cœur un cristal de roche pour faire venir la Lumière et un quartz rose pour apaiser votre cœur.

30

PIERRES DE LITHOTHÉRAPIE

Aventurine verte

HARMONIE ☆ PERSÉVÉRANCE ☆ ADAPTABILITÉ

L'aventurine verte est une pierre de Nouvelle Lune qui ramène l'optimisme et la joie, favorise l'adaptabilité, la tolérance, la persévérance et l'empathie. Cette pierre rassurante et calmante harmonise le chakra du cœur et purifie le corps émotionnel.

Elle est idéale en périodes de changements, car elle permet de faire le point sur nos émotions et de rester centré(e) sur notre cœur. Elle aide notamment aux prises de conscience et aux prises de décision indispensables pour sortir des schémas anciens ne correspondant plus à notre stade d'évolution.

Elle vous aidera notamment en cas de stress ou d'insomnie.

« L'aventurine verte, pierre de la Nouvelle Lune, me calme et m'aide à être empathique. Elle purifie mon corps émotionnel, ramène la joie dans mon cœur et m'assiste en périodes de changements. »

Rituel POUR PROLONGER L'EFFET DE LA CARTE

Pendant la période de Nouvelle Lune, portez une aventurine verte en pendentif (la pierre reposant contre votre cœur).

Vous pouvez aussi vous coucher et disposer une aventurine sur chacune de vos paupières (fermez les yeux).

En parallèle, diffusez de l'huile essentielle de bergamote qui ramène la joie de vivre dans nos vies et les fait pétiller. Inspirez lentement et profondément, et prenez conscience de bienfaits de l'aventurine verte qui « infusent » dans votre corps et votre cœur par l'intermédiaire de vos yeux, miroir de l'âme.

FLEURS NOCTURNES

Tabac ailé

(Nicotiana alata)

ÉQUILIBRE ÉMOTIONNEL ☆ HARMONIE

La carte du tabac ailé vous invite à trouver un équilibre dans la gestion de vos sentiments. Sa fleur vous enjoint à laisser s'exprimer les sentiments et les émotions que vous avez enfouis et refoulés, à laisser se dégeler l'image que vous offrez au monde, à accepter vos ressentis les plus profonds et les plus authentiques, en lien avec votre identité divine. Néanmoins, ne vous laissez pas submerger de façon trop violente par vos émotions : observez-les, accueillez-les et laissez-vous porter par elles.

La fleur du tabac ailé vous pousse également à vous détacher d'addictions matérielles telles que certaines activités ou le recours à certaines substances.

Ainsi, vous atteindrez la paix profonde du cœur, et vous vous sentirez en lien étroit avec le Grand-Tout, avec notre Terre Mère et tous les êtres vivants qui la peuplent, en totale harmonie.

« J'accueille mes émotions
et je me détache des addictions
qui me coupent du monde. »

Rituel POUR PROLONGER L'EFFET DE LA CARTE

Avant de démarrer, prenez quelques longues et profondes inspirations.

Sur une feuille de papier, inscrivez une émotion que vous sentez non équilibrée actuellement, ainsi qu'une addiction dont vous souhaiteriez vous débarrasser (sucre, tabac, écrans, shopping...). Prenez le temps nécessaire. Ensuite, utilisez la totalité de la feuille pour dessiner, par-dessus les mots écrits, un champ de fleurs colorées.

32

FLEURS NOCTURNES

Reine de la nuit

(Selenicereus grandiflorus)

PURIFICATION ☆ LUMIÈRE ☆ FEU

La carte de la reine de la nuit vous indique que vous êtes accompagné(e) d'une douce mais puissante lumière dans votre cheminement de l'obscurité vers la clarté divine.

Sa fleur vous nimbe de son énergie purificatrice pour vous aider à vous délester de vos préoccupations, vos soucis ou vos peurs. Ainsi, elle apaise et nettoie votre mental des sombres pensées, en particulier si vous vivez une nuit noire de l'âme. Vous pourrez de cette façon identifier les éléments qui vous sont néfastes dans le cadre de votre développement spirituel, pour pouvoir ensuite vous en délester.

Pour appuyer cette guidance, vous pouvez travailler sur l'harmonisation du plexus solaire, en lien avec l'élément Feu. Vous pouvez par exemple visualiser un soleil puissamment lumineux positionné au niveau de votre plexus solaire, en y posant une citrine.

« Je me laisse guider par la Lumière purifiante et nettoyante et j'accepte l'Énergie du Feu qui illumine mes pensées. »

Rituel POUR PROLONGER L'EFFET DE LA CARTE

La reine de la nuit nous enjoint à travailler sur la lumière autour de nous et en nous. Vous êtes donc invité(e) à travailler sur la couleur jaune, associée à la Lumière. Habillez-vous en jaune, procurez-vous une bougie de cette couleur et disposez un cercle de citrines (pierre jaune) autour d'elle.

Asseyez-vous face à la bougie et allumez-la en disant : « *J'amène la Lumière dans ma Vie et dans mon Cœur, je suis accompagnée par la Clarté divine et guidé(e) sur mon chemin de vie.* »

33

FLEURS NOCTURNES

Onagre
(Oenothera biennis)

COURAGE ☆ CONFIANCE ☆ PROTECTION MATERNELLE

La carte de l'onagre, appelée aussi « bougie de nuit », vous apporte de la lumière et du courage dans une période d'angoisses. Ainsi, par cette image de lumière persistante dans la nuit, elle vous accompagne en confiance afin que vous puissiez ouvrir votre cœur à une personne de confiance et lui confier vos soucis en mettant des mots sur vos maux.

La fleur d'onagre vous soutient pour retrouver l'équilibre affectif avec vos parents, et vous guide pour améliorer votre relation avec l'image maternelle. Si vous vivez une période difficile actuellement, elle est probablement en lien avec les douleurs émotionnelles vécues par votre mère lorsqu'elle était enceinte, ce qui a déclenché des traumatismes dans votre petite enfance. La fleur d'onagre vous apaise et vous réconforte, tout en vous apportant une sensation de sécurité et de protection dont vous avez besoin.

« Je me laisse nimber de l'Amour inconditionnel de la Mère universelle, et j'accueille la sécurité et la protection qu'elle m'offre. »

Rituel POUR PROLONGER L'EFFET DE LA CARTE

Dans 30 ml d'huile d'onagre, versez 15 gouttes d'huile essentielle de géranium rosat et 15 gouttes d'huile essentielle de bois de rose. Appliquez 1 goutte de ce mélange sur les chakras coronal, du troisième œil, du cœur et du plexus solaire et ressentez l'amour maternel que la Lune vous porte.

34

FLEURS NOCTURNES

Datura

(Datura stramonium)

COMMUNICATION SUBTILE ☆ VOYAGE INVISIBLE

La carte du datura, appelé aussi « trompette des anges », vous invite à écouter et à travailler votre intuition, afin de favoriser la communication avec le monde spirituel. Il vous aide à surmonter la peur de la mort et la transforme en renaissance dans le monde spirituel.

Sa fleur équilibre et régénère le principe féminin, ou *yin*, en lien avec les chakras les plus subtils et le monde invisible.

En améliorant votre réceptivité et votre détachement du monde matériel, le datura vous aide à vous connecter avec votre nature divine et à voyager lors de cérémonies chamaniques. Il vous soutient dans le processus de transmutation par l'amour et la compassion prôné(s) par

Bouddha, pour vous rapprocher de l'Amour divin, de la Source de toute chose.

« Je travaille mon intuition et je comprends que je suis un être spirituel faisant l'expérience de l'incarnation. »

Rituel POUR PROLONGER L'EFFET DE LA CARTE

Diffusez de l'huile essentielle de laurier noble ou d'encens oliban. Placez un lapis-lazuli sur votre front pour favoriser l'ouverture du troisième œil et la réception des messages subtils. Installez-vous confortablement, allongé(e), et diffusez des chants et sons de tambours amérindiens pour favoriser les voyages chamaniques (on en trouve sur Internet).

Une fois revenu(e) de votre voyage, prenez le temps de « redescendre », puis dessinez ce que vous avez vu sur une grande feuille de papier, que vous pouvez ensuite accrocher au mur dans un cadre.

35

FLEURS NOCTURNES

Cactus cierge
(Cereus peruvianus)

PROTECTION INTÉRIEURE ☆ TRANSMUTATION

La carte du cactus cierge vous invite à développer et renforcer votre capacité de protection intérieure de façon à transmuter le négatif en positif.

Sa fleur vous enjoint à mieux vous protéger de toutes les influences négatives qui vous affectent pour réduire au maximum les conséquences néfastes que cela pourrait avoir pour vous. Cela concerne tant les niveaux physique, émotionnel, vibratoire que le niveau spirituel (conflits, émotions négatives ou nuit noire de l'âme…).

Mais cette négativité ne provient pas forcément de l'extérieur : la fleur du cactus cierge vous engage à devenir pleinement conscients de vos propres pensées et intentions négatives.

Elle vous soutient et vous protège afin que vous soyez capable de mieux les détecter, les neutraliser et laisser la place libre au positif.

« Je bannis la négativité qui m'entoure,
qu'elle soit intérieure ou extérieure,
et je la transmute en positivité. »

Rituel POUR PROLONGER L'EFFET DE LA CARTE

Procurez-vous une paire de chaussettes vertes et plantez-y des épingles à tête colorée (symbolisant un cactus).

Retirez-les une à une en disant ou en pensant : « *Par l'intermédiaire de la carte du cactus cierge, la Lune m'aide à me protéger des influences négatives qui me plombent au niveau physique* (RETIREZ UNE AIGUILLE), *au niveau psychique* (RETIREZ UNE AIGUILLE), *au niveau émotionnel* (RETIREZ UNE AIGUILLE) *et au niveau spirituel* (RETIREZ UNE AIGUILLE). » Faites cela jusqu'à ce qu'il n'y ait plus d'aiguilles.

36

ANIMAUX GUIDES

Loup

LOYAUTÉ ☆ LIBERTÉ ☆ COLLECTIVITÉ

La carte de Loup vous aide à retrouver votre chemin à travers les complexités de votre être intérieur.

Loup est un enseignant et un éclaireur qui vous donne les clés pour comprendre le besoin de vivre en communauté et peut ainsi vous aider à comprendre la dynamique de vos relations aux autres.

Il vous aide à reconnaître votre pouvoir personnel et la force du pouvoir de la Conscience collective. Par ailleurs, Loup a aussi le goût de la liberté, et vous enjoint à profiter pleinement de la vôtre.

Loup vous invite également à avoir plus d'actions désintéressées et altruistes dans vos relations. Il vous aide à comprendre que votre pouvoir provient de votre dévotion généreuse et de votre loyauté envers ceux que vous aimez, tout en gardant votre liberté personnelle.

« Je comprends grâce à Loup la dynamique de mes relations aux autres ; je leur exprime ma dévotion et ma loyauté, sans jamais toutefois perdre ma liberté personnelle. »

Rituel POUR PROLONGER L'EFFET DE LA CARTE

Prenez la carte de Loup devant vous, et pensez ou dites : « *Loup, je te remercie pour ton message subtil. Aujourd'hui, j'ai compris la force du collectif, mais aussi l'importance de préserver ma liberté sous toutes ses formes.* »

Reposez la carte, puis fermez les yeux. Visualisez un loup et laissez-le mentalement, sans le contrôler, vous montrer ce que vous devez voir et comprendre.

ANIMAUX GUIDES

Renard

DISCERNEMENT ☆ ADAPTABILITÉ ☆ SENSIBILITÉ

Renard, espiègle, habile et facétieux, est doué d'une sensibilité physique et mentale innée, d'une profonde adaptabilité et d'un grand discernement, lui permettant de s'adapter à toute situation, même très difficile.

Vif, intelligent et agile, Renard dispose d'une force mentale puissante qui lui sert à dépasser les obstacles de la vie quotidienne et à identifier les tentatives de tromperie ou d'escroquerie. Il vous rassure sur votre capacité de discernement et votre adaptabilité aux situations difficiles que vous traversez peut-être actuellement.

Animal nocturne, Renard a une grande affinité avec le travail sur les rêves. Cette carte vous invite ainsi à porter une attention particulière aux vôtres, porteurs de messages.

« Grâce à Renard, je vois au-delà des apparences dans les situations de tentative de tromperie, et je comprends que je suis parfaitement capable de m'adapter, même dans les situations les plus difficiles. »

Rituel POUR PROLONGER L'EFFET DE LA CARTE

Pendant la nuit, quand nous dormons, nous rêvons et nous recevons des messages, soit de notre Conscience Supérieure, soit de nos guides spirituels. Nos rêves peuvent en dire long sur notre situation actuelle, et nous apporter des solutions à des problèmes à résoudre.

Réalisez un carnet de rêves sur un temps donné : chaque matin, écrivez vos rêves dans un carnet posé à côté de votre lit.

Au bout d'une lunaison, relisez le tout pour en faire une interprétation globale.

ANIMAUX GUIDES

Escargot

PATIENCE ☆ INDÉPENDANCE ☆ TOLÉRANCE

Escargot est un symbole de lenteur, de patience et d'indépendance, car il porte sa maison sur son dos. Il nous invite à nous interroger sur notre façon de vivre le moment présent.

Il nous signifie que nous devons rester calme et tolérant(e) : quelle que soit la vitesse à laquelle nous avançons, nous arriverons forcément à destination. Suivez donc votre propre rythme sans vous soucier de la vitesse des autres.

Escargot est ancré, déterminé, intuitif. Aussi puissant que discret, il est humble et pratique l'introspection. Son message est de ralentir et de pratiquer la méditation de pleine conscience : lorsque vous faites quelque chose, soyez présent à 100 %. Quoi que vous fassiez, apprenez à apprécier ce moment, et ne passez pas à côté des choses réellement importantes dans la vie.

« Grâce à Escargot, je goûte au "slow living" : je ralentis le rythme tout en briguant mon indépendance. Je ne me précipite pas : tout vient à point à qui sait attendre. »

Rituel POUR PROLONGER L'EFFET DE LA CARTE

Lors d'un moment dans un parc ou en forêt, retirez vos chaussures et vos chaussettes et, avec une attention particulière portée sur la lenteur, marchez très très doucement en déroulant le pied le plus lentement possible. Soyez attentif/ve à toutes les sensations ressenties sur la plante du pied, et dans tout le corps.

Ralentissez votre respiration, en l'amplifiant.

Observez attentivement les arbres autour de vous. Si l'un d'eux vous « appelle », allez près de lui et posez votre paume contre son tronc. Approchez-vous et humez son odeur. Remerciez-le pour l'ancrage qu'il vous procure.

39

ANIMAUX GUIDES

Papillon de nuit

TRANSFORMATION ☆ MÉTAMORPHOSE ☆ LÉGÈRETÉ

Papillon de nuit symbolise le pouvoir de transformation et la métamorphose : il débute sa vie en simple chenille pour pouvoir, à la fin, se transformer en superbe papillon ailé. Symbolisant aussi la légèreté, il ne se soucie par de ce qui l'entoure ni des dangers de la vie.

Cette carte vous indique qu'il est temps pour vous de passer à l'étape suivante. Papillon vous invite à passer au-delà de vos inquiétudes et questionnements pour aller de l'avant, à sortir de votre chrysalide pour devenir qui vous êtes censé(e) devenir. Il veillera sur vous pour que tout se déroule bien, tant sur le plan privé que professionnel. Vous êtes prêt(e) à affronter les changements qui se présentent à vous et à continuer à avancer !

« Grâce à Papillon de nuit, j'entame une métamorphose, sublimé(e) par les rayons de lumière lunaire. Avec légèreté mais détermination, je sors de mon cocon pour devenir qui je dois être. »

Rituel POUR PROLONGER L'EFFET DE LA CARTE

Dessinez un grand papillon en noir et blanc sur une feuille et coloriez-le en gris.

Ensuite, faites tomber des gouttes de peinture de toutes les couleurs sur ce papillon, en disant ou en pensant : « *Grâce à Papillon de nuit et à la Lune, je commence aujourd'hui une période de transformation et de métamorphose qui me permettra d'exprimer au monde et à moi-même toute l'étendue de mes couleurs.* »

Disposez votre œuvre dans votre salle de bains, lieu où l'on se sent le plus vulnérable puisque dévêtu(e). Elle vous aidera à reprendre confiance.

40

SYMBOLES DE LA LUNE

Argent

ÉNERGIE ☆ ÉCHANGE ☆ ÉQUILIBRE

L'argent est le métal associé à la Lune, mais, en français, ce mot est aussi associé aux finances. Cette carte vous invite à porter votre attention sur l'argent dans votre vie : est-ce une problématique actuelle ? Vous faites-vous du souci à ce propos ? Ou au contraire, est-ce que tout se passe très bien ?

Quoi qu'il en soit, cette carte vous annonce un changement imminent. Soyez attentif/ve aux signes à ce propos, et surtout aux opportunités pouvant rééquilibrer l'argent, une énergie qui met en équilibre le donner et le recevoir.

Cette période est importante pour votre développement personnel et votre cheminement, et la situation se rééquilibrera quand ses leçons seront intégrées.

« Je porte une attention particulière à l'argent dans ma vie : un changement imminent est en chemin, dans un sens ou dans l'autre. »

Rituel POUR PROLONGER L'EFFET DE LA CARTE

Vous êtes invité(e) à profiter des énergies de la Lune en portant des bijoux en argent. Ainsi, vous entrerez plus facilement en vibration avec elle, et bénéficierez plus facilement de ses enseignements.

Pour aller plus loin, disposez un élément en argent sous votre lit pendant la prochaine lunaison complète (c'est-à-dire la période allant d'une Nouvelle Lune à la veille de la Nouvelle Lune suivante).

Soyez attentif/ve aux rêves que vous pourriez faire et à leur lien avec l'argent et votre vie actuellement.

41

SYMBOLES DE LA LUNE

Eau

FLUX CONSTANT ☆ ÉMOTIONS ☆ SENSIBILITÉ

L'élément associé à la Lune est l'Eau. L'Eau est porteuse de vie, car sans eau, tout se dessèche et rien ne germe.

L'Eau est le fluide qui permet la communication entre nos cellules, elle est en constant mouvement entre les états liquide, solide et gazeux, grâce auxquels elle effectue un cycle complet et éternel.

Elle symbolise aussi les émotions et la sensibilité. Son essence même l'amène à apporter la fluidité, la rondeur, à accepter ses émotions et une éventuelle hypersensibilité, caractérisant le côté *yin*, féminin et introspectif de la Lune.

Sollicitez-la sous ses différentes formes : liquide (bain, boisson, hydrolat…), solide (glaçon…) ou gazeuse (bain de vapeur…).

« Je fais entrer l'énergie de l'élément Eau dans ma vie, et je profite de tous ses bienfaits, en particulier celle qui a été dynamisée grâce aux rayons lunaires. »

Rituel POUR PROLONGER L'EFFET DE LA CARTE

Si une Pleine Lune a lieu dans la semaine qui vient, vous êtes invité(e) à dynamiser de l'Eau aux rayons lunaires, durant la période de six jours qui l'encadre (donc les 3 jours avant et les 3 jours après). Pour cela, disposez de l'eau de source ou minérale derrière une fenêtre en lien direct avec la Lune : ses rayons viendront toucher l'eau et la modifier avec ses vibrations bienfaisantes, dont vous pourrez ensuite profiter. Buvez un peu de cette eau tous les jours pendant 1 semaine.

En dehors de cette période, faites couler un bain (ou préparez un bain de pieds) dans lequel vous mettrez de la pierre de lune. Entourez-vous de bougies blanches allumées, et de pétales de roses blancs.

42

SYMBOLES DE LA LUNE

Chakra sacré

SEXUALITÉ ☆ FERTILITÉ ☆ SENSUALITÉ

Parmi les 7 chakras, c'est le chakra sacré qui est lié à la Lune, centre de la sexualité, de la sensualité, de la fertilité et de la créativité.

Situé entre le nombril et le pubis, ce vortex énergétique doit avoir une activité équilibrée et doit être suffisamment ouvert pour capter l'énergie universelle, le prâna.

Cette carte vous invite à prendre conscience de ce centre énergétique et à travailler à son harmonisation. Ce travail peut se faire par exemple grâce aux pierres orange (cornaline, pierre de soleil, calcite orange) telles quelles ou sous forme d'élixir de cristaux. Vous pouvez aussi recourir à l'essence d'orange douce ou l'huile essentielle d'ylang-ylang. Vous pouvez, enfin, utiliser une danse, qui mobilise la zone du bas du ventre, entre le pubis et le nombril.

« Cette carte vous invite à travailler sur l'harmonisation et l'ouverture du chakra sacré grâce au massage aromatique et à la visualisation teintée de la couleur orange. »

Rituel POUR PROLONGER L'EFFET DE LA CARTE

Appliquez 1 goutte d'essence bio d'orange douce sur votre chakra sacré (ou *tan tien* en médecine chinoise), et dans le bas du dos en regard de cette zone (*ming men*).

Prenez deux sélénites et placez-en une sur chaque point. Fermez les yeux et visualisez la Lune nimbée d'une aura orange (la couleur de ce chakra). Inspirez et expirez longuement et profondément tout en visualisant la Lune faire descendre cette aura orange sur vous.

Terminez en disant ou en pensant : « *Ô Lune, je te remercie pour ton aide dans l'harmonisation de mon chakra sacré, dont émergent mon Féminin sacré et ma créativité.* »

43

SYMBOLES DE LA LUNE

Bois de santal

CONNEXION SUBTILE ☆ DIVINATION ☆ CLAIRVOYANCE

Le bois de santal est en correspondance avec la Pleine Lune. On l'utilise comme base d'encens pour la protection, la guérison ainsi que dans divers rituels de Pleine Lune. En effet, lorsqu'il brûle, ce bois libère une vibration puissante qui aide à l'élévation spirituelle, mais stimule aussi l'ancrage et l'enracinement.

Il aide à nous connecter à notre Soi supérieur et aux plans subtils. Il élève et éveille l'esprit tout en calmant les émotions, et augmente la clairvoyance et la divination.

Cette carte vous révèle que vous avez besoin en ce moment de l'Esprit du bois de santal et de son action psycho-émotionnelle.

« Le bois de santal m'aide à élever mon esprit et à éveiller ma spiritualité tout en apaisant ma sphère psycho-émotionnelle. »

Rituel POUR PROLONGER L'EFFET DE LA CARTE

À la nuit tombée, faites brûler de l'encens de bois de santal, ou un morceau de bois, ou encore pulvérisez son hydrolat sur vos vêtements ou sous votre oreiller.

Dites à voix haute ou pensez : « *Grâce au message et au soutien de la Lune, j'utilise cet outil sacré et puissant pour m'aider à recevoir les messages du monde subtil, qui m'aideront à avancer sereinement dans la bonne direction. Que l'ouverture de mes chakras supérieurs permise par le bois de santal m'aide à accéder à l'élévation spirituelle et à l'éveil.* »

44

SYMBOLES DE LA LUNE

Verveine odorante

HARMONISATION DES 7 CHAKRAS

☆ POSITIVITÉ

La verveine odorante est en correspondance avec la Nouvelle Lune. Son huile essentielle a la particularité d'activer et d'ouvrir les 7 chakras. La carte de la verveine odorante vous indique une nécessité de purifier votre corps et votre esprit, de vous débarrasser de mauvaises habitudes et d'éliminer la négativité et la malveillance de votre vie. Elle vous enjoint également à davantage montrer votre beauté intérieure à l'extérieur.

« La verveine odorante me pousse à faire un travail d'harmonisation des 7 chakras, à purifier mon corps et mon esprit et à éliminer toute négativité. »

Rituels POUR PROLONGER L'EFFET DE LA CARTE

Pour vous aider à harmoniser vos chakras et à éliminer la négativité de vos corps physique, psychique, émotionnel et spirituel, la verveine odorante peut s'utiliser de diverses manières.

Réalisez une infusion et buvez-la lentement et en conscience. Vous pouvez aussi la verser dans votre bain, ou faire infuser des feuilles directement dans l'eau du bain (dans une compresse dépliée puis fermée en baluchon).

Vous pouvez également diluer 3 gouttes d'huile essentielle de verveine dans 1 cuil. à café d'huile végétale et appliquer quelques gouttes de mélange sur chacun de vos 7 chakras. Ce faisant, visualisez à chaque fois l'ouverture du vortex énergétique correspondant, associé à sa couleur.

Enfin, vous pouvez, tout simplement, diffuser de l'huile essentielle de verveine dans votre intérieur grâce à un diffuseur-humidificateur.

Notes personnelles

Notes personnelles

Notes personnelles

Notes personnelles

MIXTE
Papier | Pour une gestion forestière responsable
FSC® C005748
www.fsc.org

7/9, rue Saint-Germain l'Auxerrois – 75001 Paris
www.mercileslivres.com

Direction de publication : Didier Ballot
Direction éditoriale : Marie Roussos
Responsable éditoriale : Séverine Pedan
Direction d'ouvrage : Agnès Busière
Création graphique et réalisation : Not Only Books
Correction : Géraldine Coullaud-Boudy
Illustrations : © Shutterstock et © iStock

ISBN : 978-2-38355-902-3
Dépôt légal : octobre 2025
Achevé d'imprimer en Chine en mai 2025
par Imago

Lune du Renouveau de la Terre

RENOUVEAU ☆ CHANGEMENT ☆ ÉQUILIBRE

Lune du Repos et de la Purification

REPOS ☆ PURIFICATION ☆ NETTOYAGE

Lune des Grands Vents

MÉNAGE DE PRINTEMPS ☆ CLARIFICATION

Lune des Arbres en Bourgeons

RENAISSANCE ☆ ÉNERGISATION ☆ REVITALISATION

Lune des Fleurs

ÉPANOUISSEMENT ☆ CONTEMPLATION ☆ MAGIE

Lune de Miel

DOUCEUR ☆ BIENVEILLANCE ☆ CONTENTEMENT

Lune du Tonnerre

BULLE DE PROTECTION ☆ FORCE

Lune des Baies Mûres

BEAUTÉ ☆ ACCOMPLISSEMENT ☆ RÉVÉLATION

Lune des Récoltes

CÉLÉBRATION ☆ ABONDANCE ☆ GRATITUDE

Lune de la Chute des Feuilles

MÉDITATION ☆ CONNEXION LUNAIRE

Lune de Givre

CONSOLATION ☆ AMOUR INCONDITIONNEL

Lune des Longues Nuits Froides

BILAN ☆ CHALEUR ☆ RÉCONFORT

Nouvelle Lune

MENSTRUATION ☆ HIVER ☆ NUIT

Lune croissante

PHASE FOLLICULAIRE ☆ PRINTEMPS ☆ MATIN

Pleine Lune

OVULATION ☆ MIDI ☆ ÉTÉ

Lune décroissante

PHASE PRÉMENSTRUELLE ☆ SOIR ☆ AUTOMNE

La Sorcière

ACCEPTATION ☆ SATISFACTION ☆ INTUITION

La Vierge

INNOCENCE ☆ EXPÉRIENCE ☆ CONCRÉTISATION

La Mère

CONVIVIALITÉ ☆ COMMUNION ☆ SOCIABILITÉ

L'Enchanteresse

INTÉRIORISATION ☆ SENSIBILITÉ ☆ RALENTISSEMENT

Éclipse de Lune

OCCULTATION ☆ OMBRE ☆ TOXICITÉ

Super Lune

AFFIRMATION ☆ POSITIONNEMENT ☆ DÉVOILEMENT

Micro Lune

PRISE DE RECUL ☆ VISION GLOBALE

Lune bleue

MOMENT PROPICE ☆ ACTION

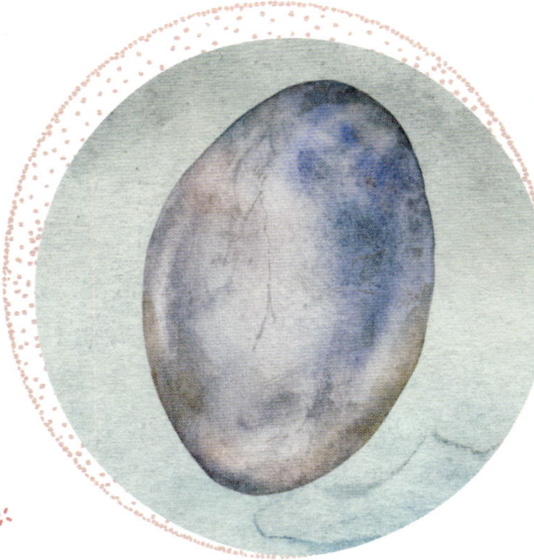

Pierre de lune

FÉMINITÉ ☆ HYPERSENSIBILITÉ ☆ ÉMOTIONS

Sélénite

INTUITION ☆ INTROSPECTION ☆ CONSCIENTISATION

Opale blanche

CRÉATIVITÉ ☆ IMAGINATION ☆ JOIE

Labradorite

PROTECTION ☆ STABILISATION ☆ ACUITÉ

Obsidienne noire

ANCRAGE ☆ ENRACINEMENT ☆ CLARTÉ

Aventurine verte

HARMONIE ☆ PERSÉVÉRANCE ☆ ADAPTABILITÉ

Tabac ailé

ÉQUILIBRE ÉMOTIONNEL ☆ HARMONIE

Reine de la nuit

PURIFICATION ☆ LUMIÈRE ☆ FEU

Onagre

COURAGE ☆ CONFIANCE ☆ PROTECTION MATERNELLE

Datura

COMMUNICATION SUBTILE ☆ VOYAGE INVISIBLE

Cactus cierge

PROTECTION INTÉRIEURE ☆ TRANSMUTATION

Loup

LOYAUTÉ ☆ LIBERTÉ ☆ COLLECTIVITÉ

Renard

DISCERNEMENT ☆ ADAPTABILITÉ ☆ SENSIBILITÉ

Escargot

PATIENCE ☆ INDÉPENDANCE ☆ TOLÉRANCE

Papillon de nuit

BILAN ☆ CHALEUR ☆ RÉCONFORT

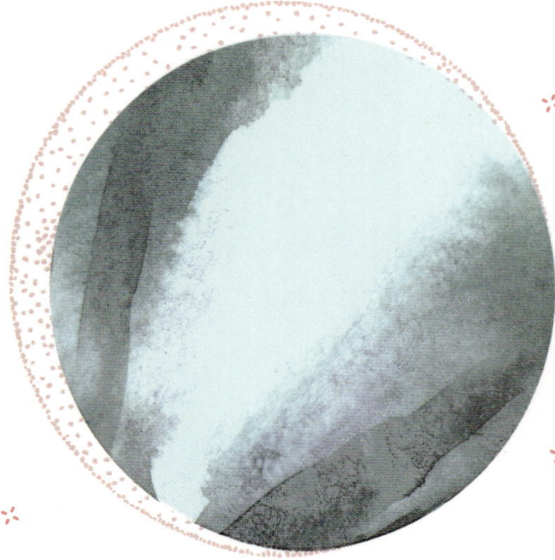

Argent

ÉNERGIE ☆ ÉCHANGE ☆ ÉQUILIBRE

Eau

FLUX CONSTANT ☆ ÉMOTIONS ☆ SENSIBILITÉ

Chakra sacré

SEXUALITÉ ☆ SENSUALITÉ ☆ FERTILITÉ

Bois de santal

CONNEXION SUBTILE ☆ DIVINATION ☆ CLAIRVOYANCE

Verveine odorante

HARMONISATION DES 7 CHAKRAS ☆ POSITIVITÉ